L'Abbé G. MORIN

MONSIEUR
LE CHANOINE PERRIN

Curé-Doyen de Plancoët

IMPRIMERIE R. PRUD'HOMME
SAINT-BRIEUC

L'Abbé G. MORIN

MONSIEUR

LE CHANOINE PERRIN

Curé-Doyen de Plancoët

IMPRIMERIE R. PRUD'HOMME

SAINT-BRIEUC

Cette petite notice est destinée à l'Annuaire des Anciens Elèves de Plouguernével.

Un tirage à part en a été demandé par M. le chanoine Guitterel, curé-doyen de Gouarec, condisciple de M. Perrin.

L'amitié qui les a liés pendant plus d'un demi-siècle, illustre d'un bel exemple le mot de Sénèque devenu adage : Amicitia pares invenit aut facit.

Gouarec, le 1er mars 1918.

G. MORIN,
Aumônier des Religieuses Hospitalières.

M. le Chanoine Joseph PERRIN

CURÉ DOYEN DE PLANCOET

Né à Lanfains, décédé le 26 Mars 1916

à l'âge de 76 ans

———

L'année de la nomination de M. Perrin à Plancoët, la fête de l'Assomption me procura le plaisir de passer la journée avec lui. Tout s'accordait pour en faire un beau jour : un joli site sous le soleil de la mi-août, un presbytère aimable, une église splendide avec la pompe des solennités et le décor d'une assistance pressée et recueillie, qui alternait les chants avec le chœur.

La présence d'un professeur de Plouguernével devait amener la conversation sur le petit séminaire, sur son passé. Le bon doyen eut un mot cordial sur chacun de ses maîtres : M. Le Flahec, M. Pinson, M. Le Graët, son professeur de rhétorique et futur supérieur, M. Le Faucheur, son professeur de mathématiques. Il gardait une particulière reconnaissance à M. Lecoq Maisonneuve, qui l'avait admis dans la Congrégation.

Après avoir donné libre cours à ses souvenirs de jeunesse, il voulut bien chanter, dans la fraîcheur du soir, à son balcon, un de ses cantiques à la Sainte Vierge. L'accent pénétrant de sa douce voix montrait que sa dévotion n'avait rien perdu de sa tendresse première. Au cantique, succéda un morceau de Brizeux : « Il est dans nos cantons… plus d'une âpre montagne ». Et sa pensée s'en allait avec son cœur, par delà la Pyramide de son pays natal, vers la Cornouaille lointaine.

Il y a dans « Le Livre blanc » du poète d'Arzanno des strophes où peut s'encadrer la vie de M. Perrin. Tâche, dit l'ange gardien en présentant le livre,

> Tâche de n'y laisser aucune page vide :
> Que l'an, le mois, le jour attestent ton labeur !
> Point de ligne surtout et tremblante et livide
> Que l'œil fuit, que la main ne tourne qu'avec peur.
>
> Fais une histoire calme et doucement suivie :
> Pense, chaque matin, à la page du soir :
> Vieillard, tu souriras au livre de ta vie
> Et Dieu te sourira lui-même en ton miroir.

Si une vie fut calme et doucement suivie, c'est bien celle de M. Perrin.

Il était natif de la paroisse de Lanfains, qui a fourni tant de prêtres, tant de missionnaires. Il deviendra leur doyen d'âge à la mort de M. l'abbé Pierre Perrin, son frère. Ce frère aîné, plus âgé de quatorze ans, s'occupa avec dévouement de la jeunesse de Joseph. Aussi, quand la mozette de chanoine se posera sur les épaules du curé de

Plancoët, pourra-t-il dire avec un sourire de contentement : « C'est mon camail, à moi aussi ». C'était, en effet, le couronnement de son œuvre. Cette haute satisfaction fut précédée de beaucoup d'autres, qui ne rendaient pas l'aîné peu fier de son cadet.

Le jeune frère fit ses premières classes à Quintin, dont le petit collège, alors comme depuis, fournissait tous les ans de bons élèves à Plouguernével. C'est en 1859 qu'il entra au petit séminaire, en troisième. La première place était trop bien gardée pour qu'il pût y prétendre. Du moins se classa-t-il parmi les meilleurs et les plus exemplaires. Il en fut ainsi au grand séminaire, où on le citait comme un ordinand accompli, travailleur, humble et pieux. Le sceau fut mis à cette formation heureuse par la prêtrise, qu'il reçut en 1866, en même temps que le futur Cardinal Dubourg.

Il restera ce qu'il était alors, une figure qui se détache au milieu de ses contemporains. D'autres frappèrent davantage l'attention par des dons extérieurs ou la prédominance d'une faculté brillante. Lui inspirait confiance complète par un jugement ayant d'autant plus de poids qu'il ne le pressait point et ne l'exprimait qu'en mots simples et pesés. Il sera souvent consulté, au long de son ministère, par ses confrères comme par les fidèles. Ses manières obligeantes étaient déjà une invitation, et où trouver un avis plus sûr que celui qui est donné par la haute et calme raison d'un sage et d'un homme de Dieu ?

Le jeune prêtre porta les prémices de son sacerdoce à Eréac puis à Saint-Donan, d'où la Providence le conduisit à Loudéac. Son souvenir vit encore dans cette paroisse, où il demeura quinze années. D'une rare égalité d'humeur, judicieux et de bon conseil, toujours pieux et bon, il était aimé de tous. Lui-même s'attachait à son poste, et il ne demandait qu'à prolonger la durée de son vicariat. Mais le cas est rare, depuis l'ancien régime, d'un vicaire perpétuel.

On le nomma recteur de Saint-Thélo, dans la riante vallée de l'Oust. Il comptait parmi ses paroissiens un très sympathique professeur de Plouguernével, M. l'abbé Mathurin Jouan, successivement professeur d'anglais, censeur et économe. A voir l'intimité qui régnait entre le recteur et le professeur, on comprenait que celui-ci fût toujours le dernier à rentrer au collège et, le moment venu, le premier à partir.

Aux vacances également, le presbytère recevait chaque jour, après la messe, les habitants de Châteaupauvre, héritiers du nom et du talent de Paul Féval. Ils étaient parfois accompagnés du futur évêque de Coutances, originaire des bords de l'Oust. M. Perrin, dont l'esprit était si fin et la conversation si attrayante, tenait bien sa place dans cette compagnie distinguée.

Ses qualités sacerdotales étaient, du reste, si éminentes qu'elles lui attiraient la considération générale. Il mit à profit son influence sur ses paroissiens pour donner l'essor à leur vie chrétienne. Dans cette vue, il établit l'Apostolat de la Prière, l'œuvre la plus apte peut-être à favoriser la piété dans le commun des fidèles. Elle se borne, en effet, à exiger les pratiques essentielles : l'offrande de la journée, la dizaine quotidienne de chapelet et la Communion réparatrice, et elle les proportionne avec circonspection au degré de ferveur de chacun. Elle vise, sans doute, au progrès spirituel, mais elle veut que ce progrès s'accomplisse dans le cadre des devoirs d'état. Cette œuvre de perfection chrétienne et d'apostolat catholique fut organisée solidement par M. Perrin. Animé d'un zèle égal pour la maison de Dieu, le recteur trouvait son plaisir à embellir l'église et les cérémonies. Peu de sacristies, même dans les villes, possédaient d'aussi beaux ornements.

Tout, dans la paroisse, souriait à l'heureux recteur, qui n'y connut d'autre chagrin que celui de la quitter.

L'obéissance l'envoyait loin de là, sur les bords

de l'Arguenon, dans cette petite ville qui s'adosse en toute sécurité à la chaussée de son étang, et qu'entoure un diadème de collines, à Jugon, le « chaperon » de la Bretagne. Il n'y passa que trois ans. Mais des hommes comme lui, dont la personnalité est accusée, laissent leur marque sur ce qu'ils touchent. Les œuvres de jeunesse attirèrent spécialement l'attention du doyen et celle de son vicaire. Continuées par leurs successeurs, elles prospèrent toujours.

M. Perrin descend le cours de l'Arguenon et arrive à Plancoët, sa dernière étape. Il avait habité presque toutes les régions du diocèse, si différentes d'aspect. Mais,

Sous mille aspects divers. la Bretagne est si belle !

A ce point de vue déjà, son nouveau poste le ravissait. Ce sont des coteaux rocheux, des bois aux hautes frondaisons, des champs fertiles et la mer toute proche. Ame délicate et sereine, il jouissait des beautés de la nature, à la façon des saints qui voient et louent Dieu dans ses œuvres.

Mais la joie de ses joies, c'était son église, pur bijou d'architecture romane, que lui confiait la succession de M. le chanoine Duroy, lui-même ancien élève de Plouguernével. Il se complaisait à la montrer. Une partie de sa tâche sera d'en continuer la décoration intérieure ; l'autre partie, objet aussi de ses constants efforts, c'est l'ornementation du temple spirituel.

Homme de doctrine, directeur éclairé, il brûle du désir d'instruire et de sanctifier les âmes. Il met son bonheur à catéchiser les petits enfants ; il aime ses malades, qu'il se fait un devoir de visiter tous les jours et d'assister à leurs derniers instants. Et Dieu seul pourrait dire les larges et nombreuses aumônes qu'il a distribuées discrètement dans ces visites si paternelles et toujours si attendues. En un mot, c'est le bon et saint curé.

Le ministère, tel qu'il l'entend, ne lui permet pas de longues absences. Nos réunions ne le verront guère désormais. Mais son cœur demeure attaché à son petit séminaire. Une œuvre de Plouguernével appelle-t-elle du secours, l'aide lui vient de Plancoët, affectueuse et prompte.

M. Perrin eut la satisfaction de voir un de ses paroissiens, Charles Grangiens, neveu du regretté curé de Quintin, faire son cours à Plouguernével. Intelligence hors ligne, nature fougueuse mais pleine des virtualités les plus riches, le jeune homme trouva, quand vint l'épreuve, un appui sauveur en son curé. Par les soins du clairvoyant doyen et ceux de quelques amis du chanoine Grangiens, Charles, une fois libéré de son engagement militaire, reprend ses études, élève moustachu, comme il disait. Il fait sa philosophie et l'année suivante, tout en surveillant une étude de collégiens, il prépare sa licence-ès-lettres, qu'il enlève à Bordeaux. Sa vocation pour la littérature paraît si marquée, que ses amis tournent ses vues vers le concours d'Agrégation ; et nul doute que s'il était devenu professeur universitaire, il n'eût pris rang dans l'équipe sympathique de Joseph Lotte. Mais la bourse d'agrégation, dont il a besoin, lui est refusée à cause de ses convictions religieuses. Se voyant barrer la grande avenue de l'*Alma Parens*, il entre comme professeur dans un collège chrétien, et, aux moments libres, il prépare ses thèses de doctorat. Une fois docteur-ès-lettres, m'écrivait-il, il viendrait à l'une de nos réunions annuelles avec son bon curé de Plancoët, pour faire hommage de son titre à ses anciens maîtres de Plouguernével. Hélas ! voici la guerre, qui lui ôte la plume et bientôt la vie.

Pour consoler son chagrin, M. Perrin a rassemblé les lettres de son militaire, et il en a détaché ces quelques lignes pour les amis du défunt.

« Si l'on vient à mourir, la belle affaire quand on croit à l'éternité (novembre 1914). — Nous souffrons, mais c'est l'heure où il faut tenir jusqu'à la dernière goutte de sang français. Que ce sang soit le mien, je le veux bien (novembre 1914). — Dans la situation actuelle, il faut s'attendre à tout et se préparer d'un cœur noble à tous les événements... Pour le moment, la France est en danger : sauvons la France d'abord. » (24 mai 1915.) — Et ce dernier mot du soldat à sa mère : « Ne vous faites pas à mon sujet de frayeurs excessives. Puis, comme moi, acceptez d'avance le sort que la Providence me fera. » (21 septembre 1915.)

C'était son adieu. Quatre jours après, il tombait à Ville-sur-Tourbe, en Champagne, le 25 septembre 1915, à l'âge de 29 ans.

Je ne m'excuse point d'avoir associé la mémoire de Charles Grangiens à celle de M. Perrin. Le vénérable curé s'intéressait vivement à ce jeune homme, et l'on voit, aux paroles si chrétiennes et si françaises de celui-ci, le bel aboutissement de sa protection éclairée.

Il faut ajouter qu'une secrète affinité les portait l'un vers l'autre. Par sa famille et par un séjour renouvelé souvent, Charles Grangiens se rattachait à Lanfains. C'était un titre de plus à l'affection de M. Perrin, qui, tout en se prodiguant à son troupeau, gardait un cœur fidèle au pays natal.

Terre antique, chargée d'histoire, disait-il avec un demi sourire, Lanfains possède des routes et des villages dont le nom sonne romain. Ses habitants, dressés en vigie sur une vaste région, se laissent tenter par l'espace. Mais l'esprit d'entreprise qui les anime, s'il les conduit à leurs lointaines affaires, en pousse aussi plusieurs au service de l'Evangile, même jusqu'au bout du monde. Au reste, tous ces compatriotes de la dispersion qui, là où ils font campagne, sont parmi les meilleurs, se montrent bons paroissiens une fois de retour au pays. Terre de foi, vous dis-je, que Lanfains !

Ainsi en parlait le curé patriote, et il faisait ce qui dépendait de lui pour y maintenir les bonnes traditions. L'excellent recteur, M. Cœuret, qui l'a précédé de quelques jours dans la tombe, se louait hautement du concours apporté aux œuvres paroissiales par son condisciple et ami M. Perrin, aussi dévoué aux écoles libres et à l'embellissement de l'église qu'ardent et habile à défendre l'honneur de Lanfains.

Des œuvres pareilles occupaient chez lui le curé de Plancoët. Ses garçons avaient conservé leur école libre ; mais ses filles avaient perdu la leur. Il réussit à leur en construire une et, ce qui fut plus difficile peut-être, à l'ouvrir.

Aucune de ces préoccupations ne le détournait du soin de son église. Il a eu la suprême joie d'en compléter le mobilier, et dans la note somptueuse du monument.

Cela fait, et sentant les approches de la mort, il fut l'attendre dans la Maison de retraite voisine, au « Sacré-Cœur » de Créhen. Il y est décédé doucement et pieusement, comme il avait vécu, *in osculo Domini*.

M. le chanoine Perrin fut un curé remarquable, à empreinte personnelle et d'une prudence consommée. Ainsi que l'écrivait, au lendemain de sa mort, M. l'Aumônier de Créhen, il montra partout « une fermeté sans raideur, un zèle tempéré par la sagesse, et une bonté qui ne pousse pas l'indulgence jusqu'à la faiblesse ».

Ces qualités rares, unies à une piété agissante, ont fait de lui un modèle des pasteurs, l'honneur du clergé diocésain.

Miséricordieux Jésus, donnez-lui le repos éternel !
(7 ans et 7 quarantaines d'indulgences).

SAINT-BRIEUC. — IMPRIMERIE R. PRUD'HOMME

www.ingramcontent.com/pod-product-compliance
Ingram Content Group UK Ltd.
Pitfield, Milton Keynes, MK11 3LW, UK
UKHW022253070726
13613UKWH00005B/2263